행하는 그리스도인 1

꼭 알아야 할 기독교윤리 ABC

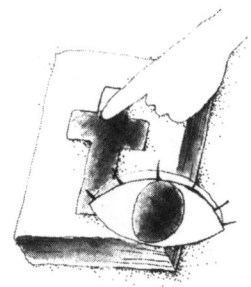

예영커뮤니케이션

모든 인간은 하나님의 형상을 닮은 존엄한 존재입니다. 전 세계의 모든 사람들은 인종, 민족, 피부색, 문화, 언어에 관계 없이 존귀합니다. 예영커뮤니케이션은 이러한 정신에 근거해 모든 인간이 존귀한 삶을 사는 데 필요한 지식과 문화를 예수 그리스도의 사랑으로 보급시킴으로써 우리가 속한 사회에 기여하고자 합니다.

행하는 그리스도인 1

꼭 알아야 할 기독교 윤리 ABC

엮은이 · 기윤실신학위원회
초판 1쇄 펴낸날 · 1999년 2월 25일
초판 4쇄 펴낸날 · 2003년 3월 22일
펴낸이 · 김승태
편집장 · 최창숙
편집 · 민들레기획
표지디자인 · 한영애
등록번호 · 제2-1349호(1992. 3. 31)
펴낸곳 · 예영커뮤니케이션
　　　　110-616 서울시 광화문 우체국 사서함 1661
　　　　출판유통사업부 T. (02)766-7912 F. (02)766-8934 E-mail: jeyoungsales@chollian.net
　　　　출판사업부 T. (02)766-8931 F. (02)766-8934 E-mail: jeyoungedit@chollian.net
　　　　E-mail: jeyoung@chollian.net

ISBN 89-8350-556-7　　03230

값　1,800원

차례

■ 교재의 구성과 활용 방법

이 교재는 총 여섯 권으로서 각 권당 4과씩으로 편성되어 있다. 한 과를 공부하는데 50-60분 정도의 시간이 필요하다. 매주 한 과씩 공부한다면 한 권에 한 달씩 총 육 개월이 걸릴 것이다. 본 교재의 기본적인 구성은 한국성서학연구소와 기독경영연구원이 공동으로 발행한바 있는 『기쁘게 일하는 하나님의 자녀들』을 따랐다. 또한 내용의 구성도 『기쁘게 일하는 하나님의 자녀들』은 본 교재와 자매관계에 있다. 여기에서 다루지 않고 있는 일과 신앙, 즉 노동윤리의 문제는 『기쁘게 일하는 하나님의 자녀들』을 참고하기 바란다.

각 과의 구성을 살펴보면 먼저 '현실 바라보기'의 부분이 있다. 이 부분은 우리 주위의 삶 속에서 구체적으로 일어날 수 있는 예화를 통해 문제를 제기하는 역할을 한다. 성경의 도움을 필요로 하는 상황을 소개하고 있는 것이다.

'현실에서 성경으로'는 신자들의 삶에서 일어나는 문제, 갈등 상황들을 성서의 말씀으로 조명해 보는 것이다. 성경공부에 참여하는 사람들로 하여금 이 공부가 나의 삶의 문제와 긴밀하게 연결되어 있다는 공감대를 형성하는 시간이 되도록 돕는 것이다.

'**성경에서 실천으로**'는 말씀을 토대로 우리 삶의 갈등들을 해소하기 위하여 어떠한 구체적인 노력이 필요한가를 묻는 시간이다. 문제에 대한 성경적인 근거 제시와 함께 성경을 응용하여 적용할 수 있는 능력을 기르는 훈련을 한다.

'**정리와 메시지**'는 각 과를 집필한 분들의 의도가 요약되어 있기에 주제를 다시 간결하게 정리해 보는 기능을 하고 있다. 이 부분을 함께 읽어 봄으로써 성경공부 조원들에게 과의 주제를 되새겨 보게 하는 것도 좋을 것 같다.

또한 성경공부 인도자들께서는 '인도자용 교재'가 따로 마련되어 있으니 참고하시기 바란다.

한국 기독교인들의 신앙의 구체적 생활 적용을 돕고자 하는 마음으로 제시되는 본 교재의 주제들이 독자 여러분의 지식을 새롭게 하고, 가슴을 뜨겁게 하고, 생활을 변화시키기 바란다.

1999년 1월
편집위원회를 대신하여
임성빈 드림

■ 주제별 내용

제1권 꼭 알아야 할 기독교윤리 ABC

복음이 강조하고 있는 것은 율법(윤리)을 폐하려는 것이 아니라 오히려 자유함과 사랑 가운데 그것을 완성하는 데 있다는 사실을 설명하면서 하나님 나라를 건설하는 자들의 삶을 소개하고 있다.

제2권 그리스도인의 생활경제

우리 삶에 지대한 영향을 주는 경제에 대한 기독교적 가치관을 심어줌으로써 이 땅에서 발생하는 많은 경제적인 불의들을 개혁해 나갈 것을 촉구하고 있다.

제3권 신바람 나는 세상 만들기

많은 신앙인들이 정치에 대한 극단적인 두 가지 자세를 견지하고 있음을 설명하고 있다. 그 첫째는 세상의 죄성에 근거해 정치와 단절해야 한다는 자세이고, 둘째는 정치적 의무와 신앙적 의무 사이에 아무런 긴장도 없이 이 땅에 천국을 건설할 수 있다는 자세이다. 제3의 대안으로 종말론적 자세를 소개하고 있다.

제4권 문화를 읽는 새로운 패러다임

현대 사회 속에서 지대한 영향력을 발휘하는 대중문화에 대한 신앙적이고 윤리적인 비판이 있어야 함을 강조한다. 대중문화의 역기능으로부터 교회의 정체성을 보호하고 기독교 대중문화산업을 적극적으로 육성하여 대중문화의 순기능들을 활용해야 한다는 내용을 담고 있다.

제5권 하나님이 주신 선물, 가정과 성

가장 기초적이고 가장 중요한 공동체인 가정이 현대 문화 속에서 제기능을 다하지 못하고 흔들리고 있음을 경고하면서 성경적 바탕 안에서 구체적인 해결점들을 모색하고 있다.

제6권 환경과 생명윤리

현대의 소비문화로 야기된 환경 파괴의 문제가 단순한 환경문제 차원이 아닌 창조 질서를 파괴할 지경에 이르렀음을 경고하면서 창조 질서와 함께 생명의 존엄성을 보존해야 할 기독교적 사명을 강조하고 있다.

서 문

기윤실의 성경공부 교재 제1권은 네 개의 과로 구성되어 있다. 성화와 윤리, 복음과 율법, 십계명과 산상수훈, 하나님 나라의 윤리이다. 네 개의 주제들은 기독교윤리의 기초가 되는 이론들로서, 구체적 실천의 문제들을 다루기에 앞서 선결해야 할 논점들이다. 루터와 칼빈 등의 종교개혁자들은 믿음으로 구원을 얻는다는 칭의의 교리를 강조하였다. 그러나 그들은 이러한 칭의(justification)의 교리가 기독교인의 성화(sanctification)를 약화시키지 않는다고 하였다. 믿음은 그에 합당한 행동의 실천을 요구하는 것으로, 믿음과 행함은 구별되는 것이기는 하나 분리되는 것은 아니다.

제1과는 이러한 성화의 윤리를 말하며, 개인적인 성화와 함께 사회적 성화로서의 세계변혁을 다루고 있다.

다음으로 제2과는 **복음(gospel)과 율법(law)**이란 주제에 대해 설명한다. 이 주제 역시 칭의와 성화의 관계에 이어지는 것으로, 복음과 율법 양자는 상호 배타적인 것이 아니며, 연속적인 관계에 있는 것임을 설명한다. 사도 바울 역시 구원을 위해 율법적 실천이 필요한 조건은 아니나, 그 율법이 인간의 구원에 충분한 조건일 수 있음을 강조한바 있다. 복음의 강조가 율법을 폐하지는 않는다. 오히려 사랑의 복음 안에서 율법이 완성되고 있다. 그 율법은 우리로 하여금 죄를 알게 하며 억제하는 소극적인 기능을 가질 뿐 아니라, 우리를 선으로 인도하여 그것을 실천하도록 자극하는 적극적인 기능을 가지고 있는 것이다.

제3과는 **십계명과 산상수훈**에 대한 윤리적인 접근을 설명하고 있다. 윤리학에서 두 가지 이론, 즉 규범(norm)을 강조하는 윤리와 도덕적 행위자(moral agent)를 강조하는 윤리가 서로 대립하여 왔다. 전자는 도덕적인 명령이나 법을 더 중시하고, 후자는 법이나 규칙보다는 도덕적 행위자의 인격이나 양심, 혹은 덕이 윤리적 행동을 위해 더 중요하다고 말한다. 이러한 규범의 윤리와 행위자를 강조하는 윤리는 서로 상반된 것이 아니며, 서로를 필요로 하고 있다.

이 과는 십계명과 산상수훈에 나타난 법과 도덕적 행위자의 상관관계를 다루고 있다. 그 사람의 인격의 깊이에서 나오지 않은 행동은 참된 행동이라 할 수 없다. 또한 그 사람의 근본적인 본성이 바뀌지 않는 한, 참된 행동을 할 것이라고 기대할 수도 없다. 하나님에 대한 믿음을 통하여 마음이 새롭게 되지 않은 사람에게 참다운 선행을 기대하는 것은 무리이다. 인간은 전인격의 변화를 통해 참다운 실천에 이르게 되는 것이다.

제4과는 **하나님 나라의 윤리**를 설명하고 있다. 기독교윤리는 하나님 나라를 만드는 것으로서의 윤리가 아니며, 하나님에 의해 주어진 그의 나라를 받아들이는 것으로서의 윤리이다. 하나님 나라는 우리의 힘으로 세운 나라이기보다는, 하나님의 은총에 따라 선물로 주어진 나라이다.

그 나라는 이미(already) 예수 그리스도와 함께 이 세상에 침투하였다. 그러나 그 나라는 아직(not yet) 완성되지 않았으며, 그리스도의 재림과 함께 이루어질 것으로 기대하고 있다. 그의 나라가 이미 이 세상에 임했으나 아직 이루어지지 않았다는 데에서, 사회와 세상에 대한 인간의 책임이 있다. 그의 나라는 이 땅에서 이루어질 수 없는 유토피아의 나라가 아니다. 왜냐하면 그의 나라는 이미 예수 그리스도와 함께 이 땅 위에 펼쳐졌기 때문이다. 그러나 우리는 이 땅 위에 그러한 유토피아를 세우려고 성급하게 행동하거나 만용을 부려서는 안 된다. 왜냐하면 하나님의 나라는 종말에 완성될 나라이기 때문이다. 이 같은 하나님 나라 윤리의 종말적 현존의 성격이 마지막 과에서 규명되고 있다.

성화와 윤리

I. 현실 바라보기

오늘날 한국교회는 사회에서 칭찬을 받고 있는가? 아니면 비판의 대상이 되고 있는가? 본래 기독교는 죄악의 문제를 중시하여 죄인을 의인으로 변화시키는 십자가의 복음에 기초하고 있기 때문에, 교회는 주변 사회에 비해 도덕적 우월성을 가지는 것이 정상이다. 예수님과 그를 따르던 초대교회가 그러하였고, 한국의 초대교회도 적은 수였지만 한국사회에 모범을 보였다.

그러나 급성장하던 한국교회가 정체를 보이고 전도가 잘되지 않는 까닭은 아마도 도덕적 우월성을 상실하여 사람들이 더이상 교회를 거룩하게 보지 않기 때문일 것이다. 가장 이타적이어야 할 교회가 심각하게 기복화되어 가장 이기적인 사람들의 모임으로 전락하고, 그 중심적 가르침인 사랑이 실종된 채

교회 재산 불리기와 자기 영화에 빠져 사랑의 실천이 지엽화되는가 하면, 내분과 이권 싸움으로 교회가 미움과 반목의 장이 되었다는 비난이 많다.

　　왜 그럴까? 한국사회도 현대화의 물결 속에서 과거보다 윤리적 수준이 많이 떨어졌으며, 교회도 한국사회 속에 존재하면서 함께 윤리성이 약화되었다. 우리 사회에 부정부패가 만연되면서 그리스도인들도 함께 연루되어 있음을 발견한다. 그러나 교회가 세상을 따라가는 것은 정당화될 수 없다. 이러한 현상을 세속화(secularization)라고 하는데, 유명한 신학자 칼 바르트는 그것을 "소금이 그 맛을 잃어 가는 과정"이라고 정의하고, 그런 교회는 땅에 짓밟혀 마땅하다고 말하였다. 한국교회 안에서 자성의 목소리가 높은 데도 불구하고 왜 갈수록 그런 현상이 더 악화되어 가는 것일까? 한국교회가 세속화된 하나의 분명한 증거는 권징이 사라졌다는 것이다. 개혁자 칼빈이 권징의 시행을 참된 교회의 징표 중 하나로 보았던 점을 생각해 보며, 오늘날 한국교회가 참된 교회인가를 자성해 본다. 교인들의 윤리적 범죄가 더 이상 교회의 제재를 받지 않는 현실에서 교회가 세상보다 도덕적 우월성을 가진다는 것은 기대하기 힘들다.

1. 한국교회는 급성장과 대형교회, 그리고 성경사랑과 기도로 세계교회의 칭찬을 많이 들어왔다. 마태복음 7:15-27에서 우리 자신이나 지도자, 혹은 교회를 평가하는 올바른 기준은 무엇인가?

그 기준에 의하면 오늘날의 한국교회는 어떠한가?

....

....

....

....

II. 현실에서 성경으로

예수만 믿으면 구원받는다는 말은 심각한 오해를 불러일으
킬 수 있다. 야고보서는 초대교회에 발생했던 오해를 고쳐 주
고 있다. 기독교의 구원은 죄로부터(from) 해방될 뿐 아니라
거룩한 삶으로(to) 초대된 것이다. 간음 현장에서 잡힌 여인에
게 주신 말씀에서 보는 것처럼, 우리의 과거는 묻지 않고 "가서
다시는 죄를 짓지 말라"는 것이 예수님의 부탁이며 명령이다.
기독교에서 죄를 짓지 않고 하나님의 명령대로 사는 것을 성화
(sanctification)의 삶이라고 말하는데, 이제 성경에서 성화에
대해 공부해 보자.

1. 성화되어야 한다고 명령한 이유는 무엇인가?

　　1) 레 11:44-45, 19:2 ....

　　...

　　...

　　...

　　...

　　...

　　2) 레 20:26 ....

　　...

　　3) 히 12:14 ....

　　...

　　4) 살전 4:3-4 ....

　　...

　　...

　　(더 읽을 구절 : 출 19:6, 살전 4:7, 살후 2:13, 벧전 1:2,
　　　　　 롬 6:22, 고전 3:17, 엡 5:27)

2. 거룩하게 되는 것이 성화(聖化)인데, 거룩한 것이란 무엇인
　가? 성경에서 거룩하다고 서술된 것들을 열거하고, 그에 의
　거하여 거룩을 정의하라(시 15:1-2, 미 6:8).

1) 거룩하다고 서술된 것들 ....

....

....

....

2) 거룩의 정의 ....

....

....

....

3. 거룩하게 되어야 될 대상은 무엇인가?

1) 벧전 1:15-16 ....

....

....

....

2) 롬 12:1 ....

....

3) 고전 7:14 ....

....

4) 레 27:28 ....

....

5) 엡 5:27 ....

....

(더 읽을 구절 : 마 23:17, 19, 딤전 4:3-5, 마 6:9, 눅 11:2,
겔 36:23)

4. 누가 우리를 거룩하게 만드는가?

1) 레 20:8, 22:32 ....

....

....

....

2) 히 2:11, 13:12 ....

....

....

....

3) 롬 15:16 ....

....

(더 읽을 구절 : 살후 2:13)

5. 성화는 어떤 과정을 거쳐 완성되는가?

1) 엡 1:4 ....

2) 히 10:10, 14 ....

....

....

....

3) 살전 4:7 ....

....

4) 고전 6:11 ....

....

5) 살전 5:23 ....

....

(더 읽을 구절: 히 13:12, 요 17:19)

6. 그러면 우리는 성화의 보존과 완성을 위해 어떻게 해야 하는
   가?

   1) 롬 12:1, 6:19 ....

   ....

   ....

   ....

   2) 고전 3:17 ....

   ....

3) 요 17:17 ....

....

4) 벧전 3:15-17 ....

....

....

....

....

(더 읽을 구절 : 벧전 1:15-16, 딤후 2:20-21, 롬 6:19,

행 20:32, 딤전 4:5, 벧전 1:6-7, 4:1-2)

7. 성화의 증거는 어떤 열매로 나타나는가?

1) 롬 6:22 ....

....

2) 갈 5:22-23 ....

....

....

....

....

(더 읽을 구절 : 벧전 3:15, 갈 2:20)

III. 성경에서 실천으로

1. 사람들은 자기 소신대로 살아 나간다. 소신 없는 사람은 아무렇게나 일관성 없이 행동하지만, 소신 있는 사람들은 제각기 자기의 행동원리를 가지고 있다. 그렇다면 기독교 신앙을 가진 그리스도인은 당연히 믿음대로 살아야 할 것이다. 그러나 그렇지 못하고 세상을 따라 별 차이 없이 살아나간다. 그이유는 무엇이며 어떻게 고쳐질 수 있다고 생각하는가?

....

....

....

....

....

2. 불신자 가운데도 그리스도인보다 도덕적으로 우월하다고 생각되는 사람들이 상당수 있다. 그리고 교회 안에도 천성적으로 온유하고 선한 사람과 그렇지 못한 사람이 있다. 그렇다면, 복음이 가르치는 성화의 진정한 의미는 무엇인가?

....

....

....

....

....

성화와 도덕성의 관계는 어떠하며, 한국의 재래종교를 포함
하여 종교적 성화와 그리스도의 성화는 어떤 차이가 있는
가?

....

....

....

....

....

IV. 정리와 메시지

성화는 구원의 중심적 요소로서 성화 없는 구원은 있을 수
없다. 그런데 성화는 모두가 볼 수 있는 열매로 나타나게 되어
있다. 하나님의 나라를 추구하는 사랑과 정의로운 삶이 성화의
증거인 것이다. 현대를 사는 그리스도인들의 성화에서 고려해
야 될 점 세 가지를 생각하며 끝맺으려 한다.

1. 전체적 성화(holistic sanctification)

우리의 몸과 영혼이 모두 주의 것으로 바쳐진 것이 성화라
면, 이제 나의 삶은 더 이상 나의 것이 아니라 그분의 것이므
로 그분의 뜻에 맞게 살아야 할 것이다. 나아가 그분의 주인
되는 권리는 나의 교회생활뿐 아니라 삶의 모든 영역, 즉 정
치, 경제, 사회, 문화, 여가 등도 그분의 뜻을 따라 살아야 할

의무가 있다. 나의 일부가 아니라 전체가 성화되어야 한다.

2. 세계의 성화(sanctification of the world)

성화는 세상과 구별된 것이지만, 세상은 우리가 성화시켜야 할 대상이다. 이 세계와 그 가운데 있는 만물은 주님의 것으로 본래 거룩하지만, 그의 소유권을 거부함으로 속된 것이 되었다. 이제 다시 성도들이 세상을 되찾아 하나님께 바쳐드림으로써 세상을 성화시키는 성역에 헌신하게 된 것이다. 그러므로 세상에 대해 긍정적인 사고를 가지고 하나님의 통치와 그의 공의가 이 땅에 충만히 실현되도록 모든 그리스도인들은 서로 협조하면서 노력해야 한다.

3. 투쟁으로서의 성화(sanctification as struggle)

성화에는 반대 세력이 있다. 우리 내부에는 옛사람의 죄욕이 반대하고 외부에는 흑암의 세력이 포진하고 있다. 따라서 성화는 결코 쉬운 일이 아니다. 성화가 적진 가운데서 하나님의 나라를 위해 싸우는 것이므로, 성화는 우리를 이 세상에서 나그네와 방랑자, 행동가와 투사로 만든다. 성화는 결코 낭만적이거나 신비적이지 않으며, 우리 삶의 현장에서 선지자적 증거와 적극적 참여와 몸을 사리지 않는 헌신의 십자가를 요구한다. 그리스도만 바라보고 구원의 완성을 향하여 나아가는 성도들을 성령님께서 능력과 위로로 도와주셔서 하나님의 나라를 성취하도록 만든다. 이 투쟁은 주님이 오시는 날 끝날 것이다.

V. 더 깊은 연구를 위하여

엘빈 디이터 외 4인, 김원주 역, 『성화에 대한 다섯 가지 견해』, IVP

복음과 율법

I. 현실 바라보기

한국 교회에 대해 흔히들 지적하는 사실 가운데 하나는 기독교인이 일천만 명이나 되는데 기독교가 사회적으로 별 영향력이 없다는 것이다. 교인은 많으나 주위에 긍정적인 영향을 주거나 선한 기여를 하지 못하고 있다는 말이다. 오히려 사회적으로 큰 물의를 일으키고 일반의 지탄을 받는 사건들을 보면 그 속에 꼭 기독교인들이 포함되어 있다. 그리고 많은 경우 그들은 교회의 중직자들 아니면 독실한 신자라는 꼬리가 따라 붙는다. 이런 현실을 어떻게 해석해야 할까?

1. 주님은 "열매로 나무를 안다"고 하셨는데 한국 기독교는 왜 이처럼 불명예스러운 형편에 처하게 되었을까? 토론해 보자.

....

....

흔히 윤리라고 하면 몇 가지 단어들이 연상된다. 의무, 행위, 당위, 그리고 율법 등이 그것이다. 따라서 어떤 그리스도인들, 특히 개신교도들은 윤리에 대한 강조가 바람직하지 않은 것, 혹은 신앙에 대한 강조와 대립되는 어떤 것이라고 생각하기도 한다. 의인은 오직 믿음으로 살고 구원받는다는 이신칭의의 교리를 믿는 그리스도인들에게 율법이 무슨 상관이 있는가 하는 것이다. 또 율법이나 윤리는 '은혜'의 복음과 대립되는 것으로 여겨지기도 한다.

2. 복음과 율법의 관계는 어떤 것일까? 복음과 율법은 상반되는 것일까? 구원받은 그리스도인들에게 율법은 어떤 의미를 가지는지 이야기해 보자.

II. 현실에서 성경으로

로마서 전반부(1장-8장)는 복음과 율법의 관계에 대한 가장 집중적이고 탁월한 해설이다. 그러므로 이 주제를 바로 이해하기 위해서는 성경의 이 부분에 대한 정확한 이해가 필요하다.

1. 로마서 1장-3:18은 모든 인간은 하나님 앞에서 죄인이라 선고하고 있다. 특히 로마서 1:18-32은 이방인들의 죄, 2:17-24은 유대인들의 죄를 선고하고 있는데 그 내용은 무엇인지 찾아보자.

   이방인의 죄 : ....

   ....

   유대인의 죄 : ....

   ....

   또한 인간이 죄인임을 스스로 알 수 있다고 했는데 그렇게 주장하는 이유는 무엇인가?

   ....

   ....

   ....

   이러한 인류의 절망적 상황 속에서 한 가닥 소망의 빛이 비추인다. 그것은 하나님의 의가 출현했다는 소식, 즉 복음이다.

로마서 3:19-5장 마지막까지는 복음에 관한 설명이다.

2. 로마서 3:19-31을 읽고 인류에게 비친 서광, 즉 새로운 의의
길이 무엇인지, 그것이 어떻게 가능해졌는지 말해 보라.

....

....

....

3. 로마서 4장 전체는 믿음을 의로 여긴 최초의 전례에 관한 설
명이다. 아브라함의 경우에 나타난 믿음의 본질과 특징은 무
엇인가? (특히 4:18-22을 보라)

....

....

그리고 그 믿음의 결과는 무엇인가?

....

....

....

4. 로마서 5:1-10을 읽고 믿음으로 의롭다 함을 얻은 자들이
누리는 복을 말해 보라.

5. 로마서 5:11-21의 대표 이론을 읽고 어떻게 예수 그리스도 한 분 덕분에 복음의 은혜가 모든 사람에게 임할 수 있게 되었는지 설명해 보라. 한 사람이 하나님의 법에 순종하고 십자가에서 죽었는데 어떻게 그 혜택이 온 인류에게 미칠 수 있는가?

6. 로마서 5:20의 진술처럼 "죄가 더한 곳에 은혜가 더욱 넘쳤다"면 "은혜를 더하기 위하여 죄를 계속 짓자"(6:1)는 주장이 일리가 있겠는가? 실제로 교회사를 보면 그리스도인은 율법을 지킬 필요가 없다는 율법폐기론자들(antinomianism)이 종종 있었다. 로마서 6장을 읽고 율법폐기론이 잘못인 이유를 토론해 보자.

그리고 아울러 "죄에 대해 죽었다"는 의미를 토론해 보자.

....

....

....

7. 신자도 죄를 짓는가? 혹은 그리스도인은 예수 믿은 그 순간
부터 완전무결하고 무죄한 사람이 되는가? 당신의 체험은
어떠한가? 개인적 경험 가운데 율법을 지키려고 해도 지키
지 못한 예들을 생각해 보고 그중 다른 사람과 나눌 수 있는
부분을 나누어 보자.

....

....

....

....

　7장의 핵심을 정리하면 다음과 같다. 율법은 의롭고 거룩하
고 선한 것이지만(12) 내가 아무리 그러한 율법을 지키려고 해
도 "내 속에 죄의 법"이 있어 그것을 온전히 지키지 못한다(20-
23). 내가 노력해도 원하는 대로 선한 삶을 살지 못하는 비참한
상태에 놓인다는 것이다. "원함은 내게 있으나 선을 행하는 것
은 없노라"(18). "내가 원하는바 선은 행치 아니하고 원치 아니
하는바 악을 행한다"(19). 그리하여 절망 가운데서 절규를 발
한다. "누가 나를 이 사망의 몸에서 건져내랴"(24).

8. 로마서 8:1-4을 읽고 "마음으로는 하나님의 법을, 그리고 육신으로는 죄의 법을 섬기고 있는"(7:25) 그리스도인이 어떻게 "율법의 요구를 이룰 수"(8:4) 있는지 토론해 보자.

....

....

....

....

■ III. 성경에서 실천으로

로마서 후반부 즉 12장부터 마지막 14장까지는 전반부에서 해설된 것과 같은 복음의 은혜를 받은 그리스도인들이 이제 구원받은 자들로서 어떻게 살아야 할 것인가 하는 기독교윤리에 대한 해설이다. 여기서 바울은 성도의 교회생활, 사회생활, 대인관계, 기독교인의 자유 등에 대해 말하고 있다. 이러한 기독교인의 윤리는 구원을 얻기 위해 지켜야 하는 법이 아니라 하나님의 은혜에 감사하여 자발적으로 지켜야 하는 삶의 표준이다.

1. 로마서 12:1-2을 읽고 기독교윤리의 근거가 어디에 있는가를 말해 보라.

....

....

....

그리고 우리 교회와 사회에서 가장 부족한 윤리적 측면을 한 두 가지씩 느끼는 대로 말해 보라.

....

....

....

IV. 정리와 메시지

복음과 율법은 상호 모순적인 것이 아니다. 구약시대에는 율법을 지킴으로 구원을 얻고 신약시대에는 복음을 믿음으로 구원받는다고 생각하는 경우들이 있으나 그렇지 않다. 인간은 모든 시대에 하나님의 은혜로 구원받는다. 율법은 구원의 방도로 주어진 것이 아니다. 그것은 인간을 그리스도에게로 인도하기 위한 몽학선생이다. 즉 인간들이 율법의 계명을 지킬 수 없는 자신의 무력과 부패를 깨닫고 구원을 찾아 그리스도에게로 나오게 하기 위해 율법이 주어졌다. 칼빈은 그것을 율법의 제1용도라 불렀다.

이미 믿음이 있는 그리스도인들에게 율법은 하나님의 백성들이 현세에서의 삶을 어떻게 살아야 할 것인가에 관한 표준을 제공한다. 칼빈은 그것을 율법의 제3용도라 했다(참고로 칼빈에게 있어 율법의 제2용도는 처벌에 대한 공포로 부패한 본성의 자유로운 표출을 막는 것이다). 그러므로 율법이 신자들과 무관한 것은 결코 아니다. 그런 의미에서 그리스도는 율법을 폐하러 온 것이 아니요 그것을 완성하러 오셨다. 율법은 그것을 지킴으로 구원을 얻게 하는 조건이 아니라 구원받은 자들이 그 받은 은혜에 대한 감사와 보답으로 행하는 결과다.

v. 더 깊은 연구를 위하여

칼빈, 『기독교 강요』 II, vii, pp 1-17.

Paul Althaus, The Theology of Martin Luther, 한글판 『마틴 루터의 신학』, 크리스챤 다이제스트, pp 251-273.

양낙홍, 『한국 기독교의 사회 윤리적 책임』, IVP.

십계명과 산상수훈

I. 현실 바라보기

10년 간 28차례 성형수술

'인조미녀' 한 풀고 돈 벌고 : 뭇남성 무관심에 '복수' 결심, 10만
달러(1억4천만 원) 들여 얼굴 고쳐, 경험담 책으로 펴내 돈방석.

미국 오하이오주 출신의 신디 잭슨(42세). 못생겼다는 이유
하나만으로 수많은 남자로부터 외면당해 온 그녀는 예쁜 여자
를 편애하는 사회에 복수하겠다는 독한 결심을 한다. 그녀는
아버지로부터 상속받은 재산을 갖고 1988년 영국 런던으로 건
너갔다. 변신을 위해서였다. 10년 동안 무려 28번이나 성형수
술을 받았다. 눈은 크고 동그랗게, 코는 오똑하게, 얼굴은 도톰
하게, 치아는 가지런하게. 그녀는 얼굴 구석구석을 뜯어고쳤
다. 뿐만 아니라 허벅지, 엉덩이 및 아랫배에 붙은 군살도 빼는
등 몸매도 날씬하게 가다듬었다.

40대이지만 20대처럼 젊게 보이고 몰라보게 미인이 된 잭슨은 남성들을 유혹했다. 과거 그를 무시했던 남자들도 만났다. 그 남자들은 달라진 잭슨을 알아 보지 못했다. 잭슨은 그들을 유혹해 감질나서 못 견디게 만든 다음 "저를 기억하세요?"라고 말하며 젊은 시절의 사진을 보여 주었다. 그녀는 마치 유령을 보듯 당황해하는 남성의 모습에 통쾌해했다. 잭슨은 성형수술을 받는 데 10만 달러(약 1억4천만원)가 넘는 돈을 썼지만 더 많은 돈을 벌었다. 성형수술을 통해 예뻐질 수 있다는 경험과 사회의 편견을 비판하는 내용을 담은 책과 비디오테이프가 불티나게 팔렸기 때문이다. 최근 네 번째 얼굴주름살 제거수술을 받은 잭슨은 "나는 남자들을 즐겁게 해주기 위해서가 아니라 조롱하기 위해 성형수술을 받았어요"라며 사회에 대한 강한 불만을 나타냈다(「동아일보」, 1998. 6. 27. 10면).

1. 위의 기사에 나타난 잭슨이란 여성의 행동에 대해 생각해 보자.

....

....

....

....

....

....

Ⅱ. 현실에서 성경으로

가. 십계명이 말하는 윤리생활

1. 출애굽기 20장에 나오는 열 가지 계명들을 음미하며 읽어 보자.

....

....

....

....

2. 십계명의 제1계명은 하나님만을 예배할 것을 말한다. 우리는 모든 것을 바쳐 하나님께 예배해야 한다. 인간이 하나님께 드릴 수 있는 것에 대해 이야기해 보자.

1) 신명기 6:5은 우리의 무엇을 하나님께 바칠 수 있다고 하는가?
_____ (렙, heart), _____ (네페쉬, soul), ____ (므오트, might)

2) 마가복음 12:30은 우리의 무엇을 다 바쳐 하나님을 사랑하라고 말하는가?
_____ (카르디아, heart), _____ (프쉬케, soul)
_____ (디아노니아, mind), _____ (익스퀴스, strength)

3) 인간은 지정의를 가진 인격체로 구성된 존재이다. 위에 열거된 요소들이 지정의체의 어떤 부분과 관련되는지 말해 보자.

....

....

....

또한 인간이 하나님께 정서적인 마음과 의지적인 혼과 지성적인 정신과 몸의 행동 및 힘을 바친다는 것이 의미하는 바는 무엇인가?

....

....

....

4) 다음의 내용을 관련되는 것끼리 연결해 보라.

제2계명 •   • 이성을 드리는 예배

제3계명 •   • 영적인 예배

제4계명 •   • 몸을 드리는 예배

5) 우리는 하나님께 예배드릴 때, 인간의 가장 깊숙한 존재 (the inner being)를 먼저 드려야 한다. 다음으로는 혼을 바쳐 예배하여야 하는데, 혼은 인간의 내적 존재와 외적인 몸을 연결하는 위치에 있다. 마지막으로 우리는 하나님께 우리의 몸의 행동 곧 노동과 실천으로 예배해야 한다. 정서적인

마음으로 하나님을 사랑함(love)이 필요하다. 의지적인 혼을 통하여 우리는 하나님을 믿게(believe) 된다. 또한 우리의 이성을 통하여 우리는 하나님을 알 수(know) 있게 된다. 마지막으로 우리는 행동으로 하나님을 따르는(follow) 실천이 필요하다. 우리의 하나님에 대한 경험은 인간의 모든 것이 동원되는 통전적인 것이다(요일 1:1, 롬 10:10).

3. 십계명의 전체적인 구조를 그려 보자.

1) 1계명은 하나님께만 예배할 것을 말한다. 다음으로 2, 3, 4계명은 예배드리는 방법에 대해 말한다. 이는 우리의 영적이며 정서적인 내면세계를 바쳐 먼저 하나님께 예배하고, 또한 혼과 이성을 드려 예배하며, 마지막으로 우리의 행동을 바쳐 예배할 것을 명한다.

2) 다음으로 십계명은 우리 행동의 원칙에 대해 언급한다. 부모에게 효도하고, 살인하지 말고, 간음하지 말고, 도둑질하지 말며, 거짓 증거를 하지 말라고 명한다.

3) 이 같은 행동의 원칙을 말한 후, 십계명은 마지막으로 바른 행위를 위해 욕심을 버리라고 강조한다. 생존에 대한 지나친 욕망, 곧 건강과 장수에 대한 욕심, 성욕, 물욕, 명예욕 등의 욕망이 그릇된 행동을 야기하는 것임을 십계명은 언급한다. 죄를 짓지 않기 위해서는 먼저 마음의 욕심을 버려야 한다.

나. 산상수훈이 말하는 윤리생활

산상수훈이란 마태복음 5-7장을 말하는 것으로 그것의 전체적인 요절은 끝나는 부분인 7:24-27이라 할 수 있다. 이 본문은 하나님의 말씀을 듣고 행하는 자는 그 집을 반석 위에 지은 사람과 같다고 한다. 이스라엘 백성들은 율법을 하나님으로부터 받았다. 그러나 명령을 받아 이해하였다고 하여, 그 명령을 따라 행하게 되는 것은 아니다. 이스라엘 백성들은 하나님의 율법을 받았음에도 불구하고, 그 율법을 행동으로 옮기는 데는 실패하였다.

무엇이 문제인가? 마태복음의 기자는 그 행동의 기초가 문제였기 때문에 올바른 행동을 하는 데에 실패하였다고 설명한다. 행동의 기초가 되는 눈에 보이지 않는 마음의 세계가 바르지 못하면, 눈에 보이는 부분으로서의 외적 행동이 바를 수 없다는 것이다.

이에 구약성서는 십계명으로 시작하지만, 산상수훈은 마음의 중요성을 말하는 8복으로 시작한다. 십계명은 살인, 간음, 도둑질, 거짓 증거하지 말 것을 말한다. 그러나 8복은 마음의 문제와 인간의 내면적 성격이 먼저 바뀔 것을 말한다.

5:21부터 마태복음 기자는 십계명의 문제를 심층적으로 재해석한다. 마음으로 형제에게 노하였다면, 이미 살인한 것과 같다는 것이다. 마음의 미움이 남을 해치게 된다. 또한 여자를 보고 음욕을 품으면 이미 간음한 것이라 한다. 마음에 음욕이 있다면, 간음의 행동을 야기하게 마련이다. 또한 맹세를 신중히 하라고 말한다. 십계명의 제9계명은 거짓 증거하지 말라는

계명으로, 법정에서 맹세한 후 거짓된 증언을 하지 말라고 한다. 자신이 한 맹세와 걸맞게 참된 증언만을 하라는 것이다. 우리의 거짓된 증언은 남의 명예뿐 아니라, 자신의 명예도 손상하므로 맹세를 신중히 할 필요가 있다.

1. 마태복음 15:18-19은 모든 악이 어디로부터 나온다고 말하는가?

....

....

....

인간의 내면적인 모습과 외적인 행동 양자 중, 어느 것이 더욱 진정한 자신의 모습일까?

....

....

....

예수 그리스도께서는 마태복음 23장에서 바리새인의 외식에 대해 비판하셨다. 외식이 나쁜 이유에 대해 논의해 보자(마 23:27).

....

....

....

....

자신의 외적인 행동을 가지고 자신의 마음속의 더러움을 위장할 수도 있다. 그러므로 우리는 구제 등의 선한 행동을 할 때, 어떻게 하여야 할까?(마 6:1-4, 16-18)

....

....

....

....

산상수훈은 우리의 마음을 훈련하는 방법들에 대해 말한다.

1) 먼저 기도할 것을 권한다. 주님이 가르쳐 주신 기도가 바른 행동을 위해 어떤 마음의 준비를 하게 하는가?(마 6:5-15)

....

....

....

....

2) 다음은 우리의 몸을 쳐서 복종시키기 위한 금식이다(마 6:16-18).

....

....

....

....

3) 그 밖에 우리는 어떤 방법으로 우리의 마음을 욕심에서 벗어나게 할 수 있는지에 대해 나눠 보자.

....

....

....

....

2. 마태복음 7:16-20을 읽고, 우리의 마음과 행동의 관계에 대해 말해 보자. "열매로 나무를 안다는 말"과 "나무가 좋아야 열매가 좋다"라는 구절이 각각 의미하는 바는 무엇인가?

....

....

....

....

III. 성경에서 실천으로

1. 야고보서 1:15을 써 보라.

....

....

야고보서는 그릇된 행동의 원인이 마음의 욕심에 있다고 말한다. 욕심이 속에서 자라면 죄로 태어나게 마련이다. 성경은 전형적인 네 가지의 욕심을 제시한다. 성욕, 물욕, 명예욕, 생존욕이다. 성욕을 마음에 품고 있으면 간음죄를 짓게 된다. 물욕은 사람으로 하여금 도둑질하게 만든다. 명예욕은 그로 하여금 거짓말을 하게 한다. 생존욕이 지나치면 다른 생명체를 해하기 마련이다. 건강하게 살고 장수하는 것이 축복이긴 하지만, 그에 지나치게 집착하게 되면 또한 구차한 삶이 야기되기 때문이다. 예수께서는 여자를 보고 음욕을 품으면, 이미 간음한 것과 다름없다고 하였다. 사람들은 대개 마음속에 먹은 생각은 어떻겠느냐고 말하지만, 예수께서는 마음의 생각을 경계하셨다. 마음이 곧 행동의 실재라는 것이다. 마음에 나쁜 생각이 떠오르는 것을 실제 죄 지은 것과 같이 심각히 다루지 않는 한, 우리는 그 죄에서 자유롭지 못할 것이다.

성경은 우리의 욕심을 줄이는 것이 쉽지 않다고 말한다. 그것은 세상적인 지혜를 통해 불가능하며, 신적인 하늘의 지혜 안에서만 가능하다고 한다(약 3:13-18). 그러한 하늘의 지혜는 하나님께 기도함을 통하여 받을 수 있으며, 오직 믿음으로 하는 기도만이 응답된다고 야고보서의 기자는 말한다(약 1:6-8, 마 7:7-11). 오직 믿음으로만이 우리는 우리의 정욕을 십자가에 매달 수 있다(갈 5:24).

2. 야고보서 4:17을 써 보라.

....

....

위 본문은 두 번째로 야고보서에서 선택한 본문이다. 야고보서는 선을 행할 줄 알고도 행치 아니하면 죄라 한다. 선에 대한 적극성의 결여가 곧 죄라는 것이다. 죄를 안 짓는 것만으로 충분하지 않다. 선을 행하는 데 적극적인 노력을 하지 않는 것도 죄이다.

축구전략에 공격이 최대의 수비라는 것이 있다. 죄를 간신히 안 지을 정도의 삶으로는 죄에 대한 방비로 튼튼하지 못하다. 오히려 선을 행하려고 노력하다 보면, 자연히 죄 짓는 삶에서 멀어지게 된다. 야고보서는 적극적인 선의 노력이 무엇인지를 제시한다.

첫째, 사람을 차별하지 말라고 한다(약 2:4-5). 명예욕이 많은 사람일수록 사람을 차별한다. 자기보다 못한 사람을 얕보며, 자기보다 나은 사람에게는 아첨한다.

둘째로 자신의 재산으로 남을 구제하라고 한다. 도둑질하지 않는 것만으로 충분치 못하다. 가난한 사람들에게 나누어 주는 적극적인 선이 요청된다(약 5:3).

셋째로 병든 사람들을 위로하고 그들을 위해 기도해 주는 자세가 필요하다. 건강에 욕심이 많은 사람일수록 병든 자를 경원시하고 소외시킨다. 그에게 가까이 가지 않으려고 하며, 건강한 자만을 옆에 두려 한다. 하지만 예수께서는 병들고 힘없는 자들의 친구로 자처하고 그들을 치료하셨다(약 5:14).

넷째로 음욕을 품지 않는 삶으로 충분치 못하다. 세상의 쾌락을 좇지 않으며, 하나님 한 분만으로 만족하는 삶의 자세가 요구된다(약 4:4-5). 세상을 살다 보면 어려운 일이 닥칠 수도 있다. 평소 욕심을 갖지 않고 연약한 사람들을 도우며 살던 사람은 인생의 실패 가운데에서도 감사하며 살 수 있지만, 그렇지 않은 사람은 그러한 난관을 인내하기 힘들 것이다. 믿음 안에서의 시련은 인내를 만들어 내는 줄 우리 모두는 알고 있다 (약 1:2-4).

3. 자신의 처지에서 약한 사람들을 도울 수 있는 일에 어떤 것들이 있는지 생각해 보자.

....

....

....

....

IV. 정리와 메시지

신디 잭슨의 행동을 이제 십계명과 산상수훈의 시점에서 다시 조망할 수 있게 된 것 같다. 마음 깊이에 있는 하나님과 인류에 대한 사랑에서 나오지 않은 행동은 천박할 수밖에 없다. 그 마음에 가득 찬 명예욕이나 물욕, 성욕, 그릇된 생존의 욕망에 따라 행동하게 될 때, 그것은 그 자신에게나 다른 사람에게나 유익이 되지 못할 것이다. 그녀의 외모가 그녀의 진정된 모습은 아니다. 그의 진정한 본질은 오히려 중심이 되는 마음일 수 있다. 우리는 이상의 짧은 성경연구를 통하여 바른 행동을 위한 마음공부의 중요성에 대해 알았다. 눈에 보이는 부분보다

눈에 보이지 않는 부분에 더 많은 투자를 해야 할 것이다. 정욕에 의한 행동을 사랑의 마음에서 나오는 선행으로 전환하려는 계속적 노력이 필요하다.

V. 더 깊은 연구를 위하여

노영상, 『예배와 인간행동』, (서울: 성광문화사, 1996).

하나님 나라와 윤리

I. 현실 바라보기

신사 참배를 반대한 소수의 한국 교계 지도자들 가운데 한 사람인 손양원 목사는 1940년 9월 25일 여수 경찰서에 연행되고, 재판을 거쳐 같은 해 11월 17일 광주 형무소에 투옥되었다. 1942년 5월 광주법원은 징역 1년 6개월의 형기를 마친 손양원 목사에게 석방 대신 예방구금(豫防拘禁, 죄인의 석방이 미칠 악영향을 고려하여 감금하는 행위)을 결정하였다. 이에 대하여 손양원 목사측은 항고하였으나, 조선 총독부 판사는 1942년 9월 16일 이 요청을 기각하였다. 아래의 글은 손양원 목사의 항고를 기각시키는 대구 법원의 이유서[1]이다.

---

[1] 손양원, 『옥중서신』, 이광일 엮음(여천: 손양원 목사 순교기념사업회, 1993), p 66-68. 본 재판에 대한 기록은 원전을 최대한 살리되 그 의미를 훼손하지 않는 범위 내에서 일본식 한문 표현을 부분적으로 현대 한글로 고쳤고, 괄호 안에 설명을 넣어 이해를 도우려 하였다.

이 사건의 기록을 검사한즉, 항고인(손양원)은 기독교 목사로서 기독교적 신관(神觀, 하나님에 대한 신학적 견해) 및 국가관에 의하여 여호와 신은 천지 만물을 창조하고 주재 섭리하는 유일 절대 지상(至上) 전지전능의 신으로 황송하옵게도 우리 천조대신(일본의 신)께서도 그의 지배를 받고 신사 참배는 우상 숭배가 되는 고로 할 수 없는 일이요, 장래에는 이 국가까지도 포함하는 현존 세계 각 국가의 통치조직은 필연적으로 멸망하고 재림할 그리스도를 만왕의 왕으로 하는 영원한 이상 왕국(理想 王國)이 도래한다고 헛되이 믿고, 이와 같은 이상 왕국의 실현을 몹시 바라며 그 반국가 사상을 다수 교도에게 선전 고취하여 국민의 국가 의식을 마비 동요시켜, 이로써 우리 국가 변혁을 촉진 달성시키기를 기도하고 이를 선동하였기 때문에, 소화 16년(서기 1940년) 11월 4일 광주 지방법원에서 치안유지법 위반죄에 의한 징역 1년 6월에 처하여 소화 18년(1942년) 5월 16일에는 이 형기가 종료하게 되나, 이 형벌을 받는 중에도 우리 존엄한 국가에 대하여 아직도 각성함에 이르지 못하여 의연히 전에 나타난 기독교리에 의거한 반국가적 과격사상을 고집하여 포기하지 않으므로… 항고인을 예방 구금에 처함이 적당하다고 할 수 있으며… 이 항고 건은 기각을 면할 수 없게 되어 형사 소송법 제 466조 제1항 후단에 의하여 이와 같이 결정함.

대구 복심 법원 형사 제1부
재판장 조선 총독부 판사 고도행열랑(高島幸悅郎)외 2인.

1. 일본의 신사 참배 요청을 거부하고 옥살이를 한 손양원 목사[2]
는 어떠한 신앙을 가졌는지, 조선 총독부 판사의 평가를 중
심으로 살펴보자.

....

....

....

....

2. 손양원 목사의 종말론 사상인 '영원한 이상 왕국'의 전파는
일본에게 어떠한 해를 끼쳤는가? 법원의 이유서를 중심으로
살펴보자.

....

....

....

....

---

2) 손양원 목사는 1945년 8월 15일 해방을 맞기까지 옥고를 치렀다. 해방과 함께 출
옥하여 이후 여수의 나병환자 수용소인 애향원에서 원장을 겸임하며 목회를 하다
가 1948년 여순 반란 때 두 아들을 공산당에게 잃었다. 그러나 그는 두 아들을 죽
인 원수를 살려내어 양아들로 삼았다. 그는 1950년 피난을 거부하고 나환자와 성
도들을 섬기다가 공산군에 잡혀 여수 근방의 미평 과수원에서 순교하였으니 그때
가 1950년 9월 28일이었다.

II. 현실에서 성경으로

손양원 목사의 이야기는 빛 바랜 어제의 이야기가 아니다. 그의 이야기는 오늘날에도 민족과 교회에 감동을 주고 있다. 그는 교회의 정체성(identity)을 뚜렷하게 알았을 뿐 아니라 교회가 '일단의 사교 모임'이나 '동호인 모임'이 아니라는 사실을 분명히 했다. 또한 그는 교회는 그리스도를 왕으로 모시는 예수 나라 백성이자 하나님 나라의 시민임을 의연히 선포하였다. 이제 그의 생각을 형성시킨 성경의 가르침으로 들어가 보자.

가. 하나님의 가족과 하나님의 나라

1. 먼저 마태복음 6:6-13을 읽어 보라.

2. 신약성경의 가장 두드러진 두 가지 주제는 '하나님의 가족'과 '하나님의 나라'라는 가르침이다. 위의 본문에서 우리의 아버지는 누구신가?(마 6:9)

....

....

....

하나님의 자녀가 되는 방법은 무엇인가?(요 1:12-13)

....

....

하나님 자녀가 된 성도의 특권은 무엇인가?(마 6:11-13)

....

....

....

3. 10절과 13절에는 '나라(your kingdom, 당신의 왕국)' 라는 말이 나오는데, 그 나라의 통치권과 소유권은 누구에게 있는가?

....

....

....

모든 성도들의 아버지이신 하나님은 그의 '왕국'에서 어떠한 직분을 가지고 있는가?

....

....

....

4. 예수께서 하나님의 나라를 '내 나라' 라고 말씀하시는 이유는 무엇인가?

....

....

....

그리스도인은 이 나라와 어떠한 관련성이 있는가?(눅 22:28-29)

....

....

....

....

하나님 나라의 백성이 되는 방법은 무엇인가?(막 1:15)

....

....

....

....

5. '하나님의 가족'은 하나님의 백성인 '교회'라는 말과 같다. 그러나 하나님의 나라라는 말은 교회는 물론이고 교회 이외 의 모든 영역을 포함한다. 하나님 나라에서 하나님의 다스림 의 대상이 되는 영역은 교회를 제외하고 어떤 영역이 있는 가?

....

....

....

....

나. 하나님의 나라와 교회의 관계

1. 마태복음 16:18-19을 읽으라.

2. 하나님의 나라는 어떤 장소라는 공간적 의미보다 '하나님의
   다스림 혹은 통치'라는 역동적 의미가 더욱 강하다. 위의 성
   경에서 하나님의 나라, 즉 하나님의 통치가 우선적으로 임하
   는 공동체를 우리는 무엇이라고 부르는가?

   ....

   ....

   ....

   그 공동체의 기초는 무엇인가?(마 16:18)

   ....

   ....

   ....

3. 하나님의 자녀들의 모임인 교회는 분명히 하나님의 나라에
   속한 백성이다. 하나님의 통치는 교회 안에 한정되지 않고
   그것을 넘어선다. 하나님의 통치가 미치는 곳은 어느 곳인
   가?(골 1:16-17)[3]

   ....

   ....

   ....

아직도 그의 통치를 거부하는 자들은 누구인가?(마 16:23)

....

....

....

4. 예수께서 하나님의 나라를 겨자씨와 누룩에 비유하는 이유
가 무엇인가?(마 13:31-33)

....

....

....

....

하나님 나라의 마지막에 그의 통치를 거부하는 세력들은 어
떻게 심판을 받는가?(고전 15:24-27)

....

....

....

....

---

3) 보좌들, 주관들, 정사나 권세들은 먼저 천사의 세력으로 소개되고 있다. 이러한 천사
가 정치적인 명칭으로 거론되는 이유는 천사들이 무엇보다도 정치가들에게 커다란
영향력을 행사하는 것으로 이해하였기 때문이다. 이는 보이지 않는 세계에서 보이는
세계를 다스리는 데 있어서 가장 효과적인 방법이 정치가의 권력을 통한 영향력이기
때문이다. 여기서 '권세들'이라고 쓰인 동일한 말이 특별히 로마서 13:1에는 정치가
의 의미로 사용되고 있다.

다. 하나님 나라의 윤리

1. 하나님 나라의 백성 된 교회가 하나님 앞에서 버려야 할 일
   은 무엇이며(막 9:47), 반드시 해야 할 일은 무엇인가?(요
   13:34-35)

   ....

   ....

   ....

   ....

2. 그 나라의 백성된 자들의 선한 행실이 삶의 각 영역에서는
   어떠한 모습으로 드러나야 하는지 나누어 보자.

   1) 가정에서(딤전 5:8, 마 10:37)

   ....

   ....

   2) 연약한 이웃과의 관계에서(마 25:34-36)

   ....

   ....

   3) 물질생활에 있어서(마 6:19-21, 살전 4:11-12)

   ....

   ....

   ....

4) 잘못된 시대 사조와 그릇된 사상에 대하여(골 2:8)[4]

....

....

5) 보이지 않는 영적 세력에 대하여(엡 6:13-18)

....

....

III. 성경에서 실천으로

하나님은 보이는 세계와 보이지 않는 세계의 통치자이며, 그의 다스림에서 제외된 한 치의 땅도 한순간도, 그리고 어떠한 사람도 없다. 하나님의 자녀이자 왕국의 백성이 된 성도들은 하나님의 통치가 모든 보이는 세계와 보이지 않는 세계에 임하도록 기도하며 일하여야 할 부르심을 받은 사람이다.

1. 하나님의 가족으로서 우리는 교회 내의 일로 만족하는 것을

---

4) 본문에서는 '철학과 헛된 속임수' 의 부정적 역할을 거론하고 있다. 그러나 이러한 천명이 현재의 모든 철학을 거부하는 것이라고 생각해서는 안 된다. 다른 학문 분야처럼 철학이라는 학문 분야도 하나님께 드려질 때 선한 것이 될 수 있다. 그러나 여기서 철학과 헛된 속임수는 무신론적이고 복음을 부정하는 그릇된 시대의 풍조와 이단적 거짓 사상을 일컫는 것이다. 바울이 말하는 골로새 교회의 대표적 이단은 천사숭배였다. 이것은 복음을 받아들이는 데 치명적 오해와 불신앙을 야기시키는 것이었다. 자주 언급되는 '정사와 권세' 는 흑암의 권세, 즉 타락한 천사를 의미한다.

바른 신앙생활이라 할 수 있을까? 평신도의 일과 목회자의 일, 평일과 주일, 직장과 지역교회를 분리시켜 전자에 속하는 것들을 무시하고 후자들을 과도하게 강조하는 것이 옳지 않은 이유는 어디에 있는가?

....

....

....

....

2. 종교개혁을 시작했던 루터는 '만인제사장설'을 주장하였다. 그는 구두수선공의 설교단은 그가 일하는 작업장이라고 말했다. 모든 성도들은 하나님 앞에서 '전담 사역자'라는 말에 동의하는가? 하나님 나라의 백성, 혹은 하나님 나라의 시민으로서의 삶은 그리스도인의 사역을 어떻게 넓혀 주고 있는가?

....

....

....

....

3. 다음은 미국 한 도시의 어느 우체국에 써 있는 글이다. 이는 우편배달부를 향한 하나님의 소명을 구체화시킨 글이기도 하다. 이 시를 읽고 그리스도의 제자로서 우리 자신이 가장 많은 시간을 투자하는 천국 시민의 전임 사역(full-time

ministry)의 의미를 살펴보자.

사랑과 위로의 전달자
멀리 있는 친구의 종
외로운 자의 위로자
흩어져 있는 가족을 묶어 주는 자
일상적 삶을 넓혀 주는 자
뉴스와 지식의 전달자
무역과 산업의 도구
친밀한 관계를 도모하는 자
사람들과 나라들 사이에 평화와 선의를 전달하는 자

IV. 정리와 메시지

교회는 '하나님의 가족'으로서 하나님 아버지를 섬기며, 형제 자매들이 사랑으로 뭉쳐 있는 공동체이다. 하나님의 가족은 하나님의 나라에서 하나님의 백성이 된다. 백성이 한 나라의 구성원이 되듯이 교회는 하나님의 나라에서 백성이 된다. 그래서 신자는 천국시민이다.

그런데 우리가 구원과 중생을 통해서 들어가게 된 나라는 단지 지역교회나 기독교의 영향력 아래 있는 부분만을 포함하는 것은 아니다.

첫째로 하나님의 나라는 교회의 영역을 포함하지만 그것 이상의 영역을 포함하여 이루어지고 있다. 하나님의 통치는 모든 보이는 세계와 보이지 않는 세계에 미친다. 그래서 오스카 쿨만 같은 신학자는 하나님의 나라(KG)에 교회(R1)와 보이는 세계(R2) 그리고 보이지 않는 세계(R3)를 포함시켰다 (KG=R1+R2+R3). 하나님은 모든 보이는 피조물과 보이지 않는 영적인 세계의 천사들을 다스리신다. 전도를 통하여 불신자가 하나님 나라에 들어오게 되며, 그리스도인의 사역을 통하여 하나님 나라의 영향력이 교회의 부흥은 물론이고 그가 행하는 사역을 통해 정치와 경제와 사회와 문화와 예술 면에서 개혁이 증대되어야 한다.

둘째, 하나님의 나라는 그리스도와 함께 임하였다. 하나님 나라의 백성이 교회라면 이제 하나님 나라의 주권은 그리스도에게서 발견된다. 하나님 아버지께서 왕이라면 아버지께서는 그 나라를 아들이신 그리스도께 맡기신 것이다. 그래서 하나님의 나라는 예수의 나라, 그리스도의 나라로 불려지며, 예수님 자신도 하나님의 나라를 '내 나라'라고 표현하신다. 여기서 그리스도께서 나라를 소유하신다는 주장이 성립한다.

그러나 그리스도 자신이 하나님 나라라고도 할 수 있다. 하나님 나라는 그리스도 안에서 먼저 성취되었다. 하나님의 주권은 예수 안에서 확고하게 나타났기 때문이다. 그래서 복음서에서는 "나와 및 복음을 위하여 집이나 형제나 자매나 부모를…
버린 자마다 영생을 상속하리라"는 마가복음 10:29의 말씀이
"하나님의 나라를 위하여 집이나 아내나 형제나 부모나 자녀를
버린 자는"(눅 18:29)으로 바뀌어 쓰이고 있다. 그리스도 안에
서 이미 하나님의 나라, 곧 천국은 도래하였다. 여기서 우리는
악이 아직 존재하고 있는데 하나님의 나라가 어찌 임하였다고
할 수 있느냐는 의문이 생긴다.

셋째로 하나님 나라는 현재성과 미래성이 있다. 하나님 나라
는 이미 그리스도 안에서 시작되었다. 하나님의 나라를 수립하
는 가장 결정적인 운동은 예수 그리스도의 구속사역, 십자가와
부활 사건이었으며 이를 통해 이미 하나님의 나라는 하나님의
자녀 가운데 임하였다. 하나님 나라의 결정적인 사역은 이미
과거의 사건이 되었다. 현 시대는 하나님 나라가 이미 시작되
었다(already fulfilled). 그러나 아직 완성은 도래하지 않았다
(not yet completed). 그리스도께서 재림하실 때 그의 나라는
온전히 이루어질 것이다.

그날이 오면 이제 모든 하나님의 백성들이 하나님을 섬기며
물이 바다를 덮음같이 세상에는 하나님을 인정하는 것이 가득
하며, 모든 피조물은 쇄신되어 새 하늘과 새 땅이 되며 보이지
않는 모든 천사들도 하나님의 통치에 복종할 것이다. 이 소망
을 가진 자마다 세상을 개혁하는 일꾼으로서 천국의 소식을 전
하고 이 세상을 변화시키는 개혁자가 되기를 마다하지 않아야
하겠다. 그 나라의 완성이 역사 속에 강력히 임하도록 기도하
며 헌신하여야 할 것이다.

V. 더 깊은 연구를 위하여

Hoekema, Anthony, The Bible and the Future, 류호준 역,
『개혁주의 종말론』, 서울: 기독교 문서 선교회, 1986
Ridderbos, Herman, The Coming of the Kingdom, 오광만
역, 『하나님 나라』, 서울: 엠마오, 1987

공동 집필자

김승곤(성결대학교 교수)

김영일(강남대학교 교수)

김형민(한신대학교 강사)

노영상(호남신학대학교 교수)

민종기(웨스트민스터신학대학원 대학 교수)

박득훈(재건서울교회 목사, 웨스트민스터신학대학원 대학 강사)

신기형(한국복음선교원, 부산장신대학교 강사)

신원하(고려신학대학원 교수)

양낙흥(고려신학대학원 교수)

이상원(총신대학원 교수)

이정석(개혁신학교 교수)

임성빈(장로회신학대학교 교수)

정원범(대전신학대학교 교수)

정재후(문화선교연구원, 장로회신학대학교 강사)

정종훈(관동대학교 기독교학과 교수)

조용훈(한남대학교 기독교학과 교수)

홍민종(경민대학교 교수, 장로회신학대학교 강사)

■ 기독교윤리실천운동

   기윤실은 함께 모여 선행을 격려하고, 교회와 함께 사회를 변화시키는 운동으로서 1987년 12월, 김인수·손봉호·장기려 외 38명의 발기인으로 창립되었다. 현재 21개 지부(해외 5개 지역 포함) 1만 2천여 명의 회원이 참여하는 운동으로 ▲먼저 기독교인 개개인이 성경의 가르침대로 올바른 삶을 살도록 돕고 ▲건강한 가정을 이루며 ▲교회가 교회의 사명을 다하도록 지원하며 ▲사회와 국가의 부정직과 부패를 개선하는 일을 하고 있다.

   기윤실운동 지원기금은 기윤실 재정의 안정적 확보와 지역기윤실운동을 지원하기 위해 마련하고 있는 기금으로서 1차 모금 목표액을 5억 원으로 정한 후 현재 적립이 진행되고 있다. 이에 뜻 있는 분은 기윤실운동 지원기금 적립에 동참해 주시기 바란다.

   신한은행 323-05-008965(기독교윤리실천운동)

   회원 가입 및 후원 안내 (02) 871-7487

■ 기윤실신학위원회

   기윤실신학위원회는 1997년 5월 31일, 창립총회를 열고 활동을 시작하였다. 본 위원회는 성경의 원리를 실생활에 적용하며 정의로운 사회 구현을 목적으로 하는 기독교윤리실천운동을 자문하고 이 운동에 협력하여 기독교윤리적 삶이 한국교회와 그리스도인들에게 확산되게 함을 목적으로 한다. 그리고 기독대학생들이 이 운동에 참여하도록 지도 육성한다. 기윤실신학위원회 위원은 기독교윤리학을 전공하였거나 신학교와 대학에서 기독교윤리학에 관련된 과목을 가르치는 신학자로서 기윤실운동의 취지와 행동지침에 공감하는 자로 구성되었다.